GABRIEL MARC

L'AUVERGNE AUX SALONS DE 1897

EXTRAIT DE LA *REVUE D'AUVERGNE*

CLERMONT-FERRAND
TYPOGRAPHIE ET LITHOGRAPHIE G. MONT-LOUIS
2, Rue Barbançon, 2

1897

LIBRAIRIE ALPHONSE LEMERRE
23-31, passage Choiseul, 23-31

LES BEAUX-ARTS

EN AUVERGNE ET A PARIS

(1868-1889)

PAR

GABRIEL MARC

Sous ce titre : **LES BEAUX-ARTS EN AUVERGNE ET A PARIS (1868-1889),** la librairie Lemerre a publié un volume d'un caractère très particulier, qui forme la troisième partie de cette trilogie littéraire, inspirée par l'Auvergne, comprenant la Poésie : *POÈMES D'AUVERGNE,* les Contes du pays natal : *LIAUDETTE,* et enfin la Critique d'art. L'Académie française et le public ont accueilli favorablement les deux premiers volumes. Nous pensons que le troisième sera lu avec intérêt, non-seulement par les admirateurs des paysages de montagnes, mais encore par ceux qui se préoccupent du mouvement artistique en général, et qui trouveront dans ce livre des études raisonnées sur les diverses écoles modernes et sur les principales œuvres exposées aux Salons parisiens.

*Un volume in-*18 *jésus. — Prix :* 3 *fr.* 50.

POÉSIES DE GABRIEL MARC

SOLEILS D'OCTOBRE.
LA GLOIRE DE LAMARTINE.
LE PUY-DE-DOME.
SONNETS PARISIENS.
POÈMES D'AUVERGNE (Mention honorable de l'Académie française.)
(Charpentier, éd.)

THÉATRE

QUAND ON ATTEND ! Comédie jouée au Gymnase par M. Saint-Germain.

PROSE

LIAUDETTE. Contes du pays natal (Ouvrage couronné par l'Académie française.)
(Charpentier, éd.)

GABRIEL MARC

L'AUVERGNE AUX SALONS

DE 1897

EXTRAIT DE LA *REVUE D'AUVERGNE*

CLERMONT-FERRAND
TYPOGRAPHIE ET LITHOGRAPHIE G. MONT-LOUIS
2, Rue Barbançon, 2

1897

L'AUVERGNE AUX SALONS

DE 1897

Comme les petits théâtres que l'on appelle les théâtres à côté, les petits Salons se sont ouverts sur tous les points de Paris, dès la fin de l'année dernière, sans lasser la curiosité des amateurs de peinture et sans nuire aux grandes Expositions du Champ-de-Mars et des Champs-Elysées. Nous les avons parcourus, comme d'habitude, les uns et les autres en y cherchant les œuvres d'art qui peuvent intéresser l'Auvergne.

L'atelier de Mlles Marie et Cécile Desliens, transformé en salle de Musée, a permis à leurs nombreux amis d'admirer une trentaine de leurs dernières compositions. Tableaux de genre aux détails solidement peints, fleurs exquisement reproduites et savamment groupées, portraits d'hommes et de femmes d'une ressemblance parfaite et d'un coloris toujours juste et fin, toutes ces toiles donnaient la mesure du talent de ces deux artistes bien connues. On remarquait, dans cet ensemble attrayant, la figure d'un jeune explorateur, M. Paul Bourdarie, et le portrait superbe du R. P. Charmetant, aux traits expressifs, à la longue barbe grisonnante, dont l'activité infatigable maintient prospères les œuvres du cardinal de Lavigerie.

M. Beauverie, l'excellent paysagiste, a réuni ses toiles, dont plus d'une est inspirée par l'Auvergne, dans une exposition particulière, et M. Charles Cottet a affirmé son originalité et sa puissance de composition dans les salles de M. Bing. Nous avons retrouvé cet artiste à la galerie Georges Petit, à l'exposition de la Société internationale de peinture et de sculpture, où l'on admirait aussi de fortes études faites à Venise par M. Maurice Bompard.

Dans les Cercles de la rue Boissy-d'Anglas et de la rue Volney, nous avons remarqué les toiles de M. Franc Lamy, *la Rivière, en Automne*, les portraits de M. Serendat de Belzim, encore des tableaux de M. Maurice Bompard et les bustes d'une délicatesse infinie de M. Denys Puech.

A l'Union des femmes peintres et sculpteurs, présidée par Mme Demont-Breton, nous signalerons les excellents portraits de Mlle Jenny Fontaine et de Mme Cayron-Vasselon; les paysages d'une bonne élève de M. Emile Noirot, Mme Espinos-Marcel, parmi lesquels : Les bords de la Loire; les aquarelles de Mme Leroy, née Dubois de Niermont; une autre aquarelle de Mlle Aline Lamy : le Moulin de Royat, et celles de Mlle Popelin, au Charrot-Marsat (Auvergne) et Coucher de soleil au lac d'Aydat.

Une exposition des plus intéressantes a eu lieu au mois d'avril dans la galerie des Champs-Elysées, celle de la Société artistique des Amateurs. Ce titre trop modeste ne nous a pas semblé complètement justifié. Car bien des professionnels ont moins de talent que ces amateurs, parmi lesquels nous citerons MM. Fournier-Sarlovèze, de l'Aigle, de Vogué, comtesse de Martel (Gyp) et de Cossé-Brissac, et notre ami M. Serendat de Belzim dont les portraits attiraient l'attention et dont la composition intitulée : *Mandolinata* est une œuvre savoureuse : une jeune femme, brune, aux cheveux noirs crêpelés, surmontés de la petite calotte rouge des Smyrniotes, prélude sur la mandoline et laisse voir son opulente poitrine et ses bras nus. Un des côtés du visage et de la gorge est vivement éclairé par le reflet des lumières. Cet effet, remarquablement rendu, fait ressortir l'éclat de cette carnation chaude et vibrante.

L'auteur de cette jolie fantaisie nous sourit lui-même, à l'entrée de l'exposition des Indépendants, dans son portrait peint par M. Zanazio, qui a bien rendu l'élégance correcte, la barbe soyeuse et la physionomie de son modèle, sans en exprimer toutefois toute la douceur. M. Serendat de Belzim a envoyé aux Indépendants une grande toile représentant le Christ en croix, destinée à l'église de Carquefou (Loire-Inférieure). L'aspect saisissant de ce tableau est surtout produit par le paysage grandiose : le Golgotha aride et nu au premier plan avec la croix qui se détache seule au sommet de la colline; au-dessous, au second plan, les murs et les tours de Jérusalem et les montagnes au lointain sous un ciel orageux, noir et rouge, d'une coloration puissante, extra-terrestre, bien en rapport avec les descriptions des Evangiles. Cette impression deviendra plus intense encore sous les murs sombres d'une église.

Dans les galeries du Salon des Indépendants qui devra trouver un autre local pour l'an prochain, le palais des Arts libéraux, au Champ-de-Mars, étant sur le point de disparaître, nous avons à citer plusieurs artistes intéressant l'Auvergne.

M. Pelletier, né à Clermont-Ferrand, a exposé dix paysages au pastel, pris dans les environs de Paris et qui révèlent un tempérament original. M. de la Croix, né à Riom, a envoyé des paysages du Loiret et des natures mortes. Citons encore une maison à Châtelguyon, par M. Garnot; la Tiretaine à Royat, par M. Picard; les paysages du Forez, de M. Jules Poinat, et n'oublions pas le portrait d'un Cantalien célèbre, le dompteur Pezon, par M. Wertheimer.

*
* *

La Société nationale des Beaux-Arts, rivale du Salon des Champs-Elysées, sera aussi forcée de chercher, pour l'année 1898, une autre installation, le palais du Champ-de-Mars devant faire place à l'Exposition de 1900.

Nous y retrouvons à peu près tous les artistes que nous avons signalés l'an passé. Mlles Desliens ont envoyé un fort remarquable portrait, peint avec la fermeté de dessin et la finesse de coloris qui distingue ces artistes de talent. La figure de M. Dubousquet de La Borderie a le teint vif et coloré d'un gentilhomme campagnard qui vit au grand air, au milieu de ses vastes prairies du Lot. Le costume d'un gris bleuté s'harmonise avec cette physionomie énergique et douce. Voici un des bons portraits du Champ-de-Mars qui affirme la réputation bien établie de Mlles Desliens.

M. Charles Cottet a exposé une douzaine de toiles qu'il classe sous le titre général : *Au pays de la mer*. Ce sont toujours de fortes études d'après nature : de vieilles femmes à la peau rugueuse et parcheminée, des marins truculents, des effets de mer verte ou bleue, qui accentuent le talent énergique et personnel de M. Cottet. Nous remarquons le portrait de l'auteur, figure puissante, à l'épaisse barbe d'un blond ardent et le vieux cheval sur la lande, émacié et triste, qui donne une impression mélancolique, faisant songer au pauvre pêcheur du tableau de Puvis de Chavannes.

Avec M. José Frappa, nous avons sous les yeux une nature peut-être plus conventionnelle, mais plus élégante et raffinée. Ses portraits de femmes sont charmants et ses fantaisies : Le Tambourin crevé, Marchande de roses, Dans le Parc, Coucou, sont chatoyantes et pleines de grâce et de volupté.

Citons les portraits à l'huile de l'excellent graveur Marcelin Desboutin et les scènes que lui a inspirées le carnaval de Nice où d'importants travaux le retiennent encore ; les exquises miniatures, portraits de femmes et de jeunes filles, de M. Dinaumare, et les jolis paysages de M. Léon Cassard, né à Vichy.

*
* *

L'Exposition des artistes français, la vieille exposition des Champs-Elysées qui depuis 1857 s'ouvre à chaque printemps n'a rien perdu de son attraction. C'est toujours là que nos artistes sont en plus grand nombre, malgré les pertes cruelles que nous avons faites ces dernières années.

Précisément, nous voilà devant un petit portrait d'un maître, M. Axilette qui évoque et fait revivre une figure sympathique de notre colonie artistique. C'est le portrait de M. Hippolyte de Vergèses, peintre de talent, né à Issoire et fils de M. Hector de Vergèses qui s'était fait lui-même une réputation dans le pays comme portraitiste. M. Hippolyte de Vergèses a eu une carrière bien remplie. Nous l'avons suivi depuis ses débuts, alors qu'à peine sorti du collège, il publiait dans l'*Auvergnat*, journal fondé par Le Guillois et le chansonnier Bathol, le portrait-charge de son oncle M. Altaroche qui fut l'un des trois hommes d'État du *Charivari* et directeur de l'Odéon. M. de Vergèses débuta au Salon de 1870 par un dessin et exposa en 1878 un intérieur d'atelier. Il était alors élève de Carolus Duran et à partir de cette date il n'a pas cessé de produire et d'exposer, se créant une notoriété comme peintre de portraits et de scènes de genre essentiellement parisiennes. Voici la liste de ses envois au Salon :

1880. — Chez une artiste. — Un paysagiste.

1881. — Une mansarde.

1882. — Hérodiade.

1883. — Portrait de M. F. de la Ch.

1884. — Mme Edmond Membrée, la veuve du compositeur.

1885. — Parisienne à sa toilette.

1886. — Portraits du docteur R... et de Mlle Aguilhon de Sarran qui obtinrent une mention honorable.

1887. — Un intérieur de salon.

1888. — Deux toiles champêtres : une querelle. — Un vieux jardinier. — Un pastel charmant tiré d'une scène de Rolla.

1889. — Famille de pêcheurs, une de ses plus remarquables compositions.

1890. — Paysages du Caire, inspirés par un voyage en Egypte.

1891. — Vues du vieux Biskra rapportées d'Algérie.

1892. — Petit lever d'une Parisienne.

1894. — Portrait de M. Proust. — Petite Marquise.

1895. — La mosquée des Derviches hurleurs, au Caire.

On voit que ces dernières années M. de Vergèses était attiré par l'Orient. Il y avait réussi et venait d'obtenir la direction d'une école des Beaux-Arts, au Caire, quand, l'épidémie ayant fait licencier l'Ecole il se disposait à revenir en France. Mais le mal l'avait atteint et il mourut avant de s'embarquer. Ces détails d'une vie trop tôt interrompue nous revenaient tristement à la pensée devant la toile d'Axilette qui a représenté son ami dans l'intimité de l'atelier et a conservé l'impression vivante de sa bonne humeur.

La grande toile décorative de M. Franc Lamy occupe tout le fond d'une des nouvelles salles ouvertes par suite de la démolition d'une partie du palais des Champs-Elysées. Elle représente *Le Printemps*. C'est du symbolisme créé avec des documents très réels. Le paysage printanier est en effet pris sur nature. Dans une prairie émaillée de fleurs, les arbres poussent vigoureusement ; le ruisseau coule à pleins bords ; les oiseaux chantent. La nature est dans toute l'exubérance du renouveau et un essaim de jeunes filles, aux costumes vaporeux sans indication d'époque ni de climat, s'ébattent en se tenant par la main et ne songent qu'à la joie de vivre et de respirer l'air comme les fleurs qui les entourent. C'est une des meilleures toiles de Franc Lamy, éclose naturellement sous son pinceau facile, sans efforts et sans recherches, et des plus agréables à contempler.

Sous le titre de *Matinée d'été*, M. Louis Rctru nous mène aussi dans un gracieux paysage, où le lac aux blancs nénuphars reflète les frondaisons touffues et sert de miroir à une belle jeune femme aux cheveux d'or que le peintre a franchement déshabillée comme il sied à une naïade et qui s'appuie au tronc d'un saule pour rêver et laisser admirer les richesses de son corps souple et nerveux. Cette fantaisie dans les tons clairs a du succès et fait grand honneur au jeune professeur de Clermont-Ferrand.

M. Assézat de Bouteyre continue la série de ses études d'ouvriers et d'hommes du peuple pour quelque grande composition symbolique et sociale qu'il intitule déjà : *Vers la cité du rêve*, mais dont le groupe que nous avons sous les yeux, très étudié, n'est qu'une indication sommaire.

M. Beauverie nous ramène à la réalité des grands aspects de nos montagnes, au spectacle sévère de la cheire de Randanne où le sol inégal, aride et nu, est parsemé de roches blanchâtres formant un chaos imprévu devant les dentelures des puys, sous un ciel orageux et menaçant.

C'est aussi une impression neuve et inattendue que M. Emile Noirot a éprouvée et exprimée en parcourant les monts du Forez, devant la ville de Saint-Chamond. « Dominée par le mont Pilate, la ville manufacturière voilée par les vapeurs ardentes des hauts fourneaux, par la fumée de ses usines, s'estompe dans le bleu d'une brume lourde qui ne s'élève presque jamais. Saint-Chamond est bien la cité du travail mystérieux dont les produits cuirasseront quelque formidable navire de guerre et armeront des milliers de bras vengeurs. »

Telle est la description de l'auteur du Pays du Forez que M. Noirot a traduite sur place avec une puissance de coloris merveilleuse qui vous saisit et vous arrête. La mer par un gros temps du même artiste, est moins formidable et effrayante que ces vagues de nuées se brisant sur les monts bleus et laissant deviner des flots de métal en fusion dirigés par des milliers de bras invisibles :

.... Dum graves Cyclopum
Vulcanus ardens urit officinas ;

comme a dit Horace.

M. Arsène Dubois nous conduit sur les bords paisibles du Sichon, éclairés vaguement par les pâles rayons lunaires et que nous aimerions mieux voir scintiller en plein soleil.

Un évocateur du soleil et des colorations puissantes, c'est M. Maurice Bompard. Nous le retrouvons toujours aussi attrayant dans une scène de la vie populaire à Venise, Prière à la Madone, et toujours aussi coloré dans sa Marchande de citrouilles, au marché du Rialto. Les citrouilles ainsi présentées ne sont plus des fruits vulgaires. Elles paraissent aussi dorées et savoureuses que les ananas et les pamplemousses de l'île Maurice.

Ce sont toujours les militaires qui attirent M. Petit-Gérard. Sa grande toile, représentant des fantassins prenant le café après la manœuvre est étudiée avec conscience, et intéresse par la vérité des attitudes et la justesse des physionomies. Ces groupes de jeunes troupiers font plaisir à voir en pleine campagne, assis dans les herbes jaunies, en face du petit village dont les toits rouges brillent à l'horizon. Cette œuvre a valu à M. Petit-Gérard une médaille de 3me classe.

En fraude de Mlle Madeleine Favier est une jolie fantaisie. La jeune et gracieuse femme de chambre, au tablier coquet, se trouve seule dans le cabinet de toilette de Madame. Elle en profite pour essayer les parfums, déboucher les flacons, presser le vaporisateur, enfin jouer à la dame. Cette scène amusante est fort bien peinte. Mlle Favier a exposé aussi une remarquable lithographie, un vieux relieur dans l'exercice de son métier.

Mentionnons les portraits toujours attrayants de Mlle Jenny Fontaine. Enfants et jeunes filles sont représentés avec le charme de la vie, la vérité et le goût dans les costumes et les étoffes. Les portraits de Mme Cayron-Vasselon sont ressemblants et solidement peints.

N'oublions pas les fleurs charmantes de Mme Ponson du Terrail, qui pourraient s'appeler la victoires des violettes contre les mimosas.

A la section des dessins, nous trouvons un joli portrait de femme, de M. Assézat de Bouteyre; une ingénieuse fantaisie au pastel de Mlle Cécile Chalus, Lecture interrompue; une aquarelle de Mlle Popelin, au Chanot (Auvergne) et deux fines miniatures de Mme Thérèse Goujon, née à Issoire.

La section d'architecture ne contient qu'une œuvre d'un compatriote, le relevé du cloître de la cathédrale du Puy par M. Pierre Verdier, né dans cette ville.

En revanche, de nombreux graveurs nous intéressent. Le soir d'hiver de M. Reynaud, né à Bourdon, est une eau-forte originale, exécutée avec sûreté et finesse. M. Jean Tinayre, né à Issoire, vient d'obtenir une médaille de 2e classe, pour l'envoi de vingt gravures sur bois tirées des ballades de Villon, d'après Gérardin et diverses autres gravures, d'après Ribot. M. Roussel, né à Clermont-Ferrand a exposé une superbe lithographie, Guillaume de Vair, d'après le Porbus du Musée du Louvre. Citons aussi une tête très caractérisée, par un autre Clermontois, M. Antonin Laroche ; une gravure sur bois, la porteuse de pain, très réaliste, d'après le bronze de J. Coulon ; une lithographie, le saut du loup d'après Harpignies, par M. Déan ; le portrait de Mme Guyot, d'après Costilhes, par M. d'Harlingue ; enfin, le sacre de Charles VII, d'après Lenepveu, par M. Puyplat, né à Cusset.

Il nous reste à parler de la sculpture.

Auguste Bartholdi, le célèbre statuaire de la Liberté éclairant le monde et du lion de Belfort, qui a obtenu la médaille d'honneur en 1895, le convive assidu de nos banquets auvergnats, a envoyé le modèle d'une vaste fontaine décorative, surmontée par la statue du guerrier casqué et cuirassé, Lazare Schwendi qui importa les cépages de Hongrie en Alsace. Cette fontaine sera d'un grand effet.

Ce qui distingue le talent indiscuté de M. Denys Puech, c'est la douceur et la grâce. Ces qualités si bien appropriées aux portraits de femmes et à certains sujets mythologiques, qui ont fait de lui un des maîtres de la jeune école, nuisent aux sujets qu'il a traités cette année. Le buste en marbre de Jules Ferry, d'un fini et d'une ressemblance remarquables, n'exprime pas assez l'énergie et la vigueur du modèle. Le groupe destiné au monument de Leconte de Lisle, c'est-à-dire une déesse, Melpomène ou Polymnie, aux longues ailes éployées, entourant de ses bras le buste du poète et lui offrant la branche de laurier traditionnelle est sans contredit un superbe morceau de sculpture. Mais on ne retrouve pas complètement dans cette tête un peu trop petite, le front olympien et le sourire hautain et dédaigneux qui caractérisaient le masque puissant de l'auteur des Erinnyes.

Nous voici maintenant devant les œuvres de M. André Besqueut destinées à la basilique de Montmartre. Le Saint-François Xavier, la main sur le front d'un jeune Indien qui contemple avec amour le Christ en croix, est un symbole inspiré et le bas-relief où l'on voit l'apôtre des Indes prenant, avant de partir, congé d'Ignace de Loyola, se distingue par la vérité des attitudes et l'harmonie de l'ensemble.

M. Champeil qui a obtenu, l'an passé, le grand prix de Rome, est maintenant pensionnaire de l'Académie de France et habite la villa Médicis. Nous avons été heureux de ce succès ; le Narcisse du dernier Salon, auquel une médaille de 3me classe avait été attribuée, nous avait fait bien augurer de l'avenir brillant du jeune statuaire qui a envoyé au Salon des Champs-Elysées une énergique statuette représentant Sapho, au moment où elle va se précipiter dans la mer, la tête rejetée en arrière, dans un beau mouvement tragique.

Une autre statuette est due à l'ébauchoir de M. Coulon. C'est Léda jouant voluptueusement avec le cygne divin, sur les rives de l'Eurotos. C'est une heureuse composition, originale après tant de cygnes et de Lédas, depuis la fresque de Pompéi exposée par M. Pierre Gusman, à l'école des Beaux-Arts jusqu'à la Léda de Galimard de voluptueuse mémoire, sans parler des plus modernes.

Sauvé! par M. Eucher Girardin est une grande et belle statue en plâtre, savamment composée, exprimant la foi vive, la reconnaissance émue de l'homme que la Providence a sauvé des flots. L'auteur du monument patriotique, érigé sur une des places de Roanne, a été bien inspiré dans cette dernière œuvre qui obtient un vif succès. Le pays du Forez nous fait songer à un jeune débutant, M. Louis Castex, élève distingué de l'École des Beaux-Arts, dont le médaillon, profil de jeune fille reçu au Salon est d'une finesse et d'une grâce achevées. M. Castex vient d'obtenir le prix du concours Chenavard, pour la sculpture. Son bas-relief représente la Vierge et l'enfant Jésus au berceau, devant l'atelier de Saint-Joseph. La Vierge, dans un moment de préscience surnaturelle, voit devant elle les anges cueillant dans un buisson les épines et tressant la couronne destinée au supplice de son fils, et par un mouvement instinctif qu'admireront toutes les mères, elle presse contre son cœur, l'enfant divin. Cette scène est empreinte d'une douceur émue et exécutée avec une netteté de conception et une correction de lignes qui ont enlevé les suffrages du Jury. Ne sortons pas de l'École des Beaux-Arts sans signaler la réception dans un beau rang, de M. Louis Monneret, né à Thiers, dont les premiers essais de paysages et de natures-mortes ont été appréciés par le Conseil général du Puy-de-Dôme et révèlent un coloriste.

Il faut noter encore aux Champs-Élysées, le buste intime de M. Belle par M. Antoine Mallet, de Clermont; celui de M. Ammonet par M. de Lhosmos, né à Brousse (Auvergne); le portrait de M. Bergougnan par M. Fulconis; enfin, le gracieux médaillon en bronze de M. Descomps, né à Clermont, élève de M. Hiolin et de notre cher et distingué ciseleur, M. Diomède. Sur un coquillage qui lui sert de tapis, un petit enfant gras et joufflu comme les concevait Clodion, joue inconscient, tenant d'une main un hochet et de l'autre le bout de son petit pied. La pose est charmante et ce bronze est une véritable miniature ciselée.

Avant de quitter la galerie de sculpture nous avons cherché en vain une œuvre d'un statuaire aimé dans notre pays et dans la colonie auvergnate, nous voulons parler de Mombur que l'année 1896 a ravi à l'aflection de ses amis et de ses admirateurs.

Mombur fut un élève remarqué de l'École des Beaux-Arts. Il concourut pendant quatre ans pour le grand prix de Rome. On n'a pas oublié les sujets de ces concours tous dignes d'être conservés : en 1877, les bergers retrouvant la tête d'Orphée ; en 1878, la mort de Caton (cette année il avait aussi deux bustes au Salon) ; en 1879, le fils de Tobie rendant la vue à son père (cette composition, admirablement traitée lui valut le second grand prix de Rome) ; en 1880, l'enfant prodigue. Depuis cette époque, Mombur a exposé à chaque Salon et s'était fait une réputation, comme s'inspirant de la vie rustique sans jamais négliger le style.

Nous nous contenterons d'énumérer ces œuvres qui sont encore dans toutes les mémoires.

1881. — Deux bustes : M. Agis Ledru et M. G. M.

1882. — Le buste de M. Bargoin. Paysanne d'Auvergne revenant des champs, dont le bronze a figuré au Salon de 1883 et décore le parc Bargoin à Royat et le square de Montrouge, à Paris.

1884. Un sauveteur, dont le bronze est à l'Hôtel de Ville de Paris. Signalons aussi, sur la façade de ce monument la statue du poète Béranger.

1885. — Portrait de jeune fille, terre cuite.

1886. — Hébé.

1887. — Portrait de M. Michel Fournier. Buste en marbre de M. Escalaïs, de l'Opéra.

1888. — Buste de Mme Escalaïs, de l'Opéra. Statue de Saint-Austremoine pour les noces d'or de Léon XIII commandée par Mgr Boyer, alors évêque de Clermont.

1889. — Portraits de Mlle de Vernon et de M. René Delorme.

1890. — Une Idylle, plâtre.

1891. — Statue du baron de Barante, de l'Académie française. Bronze d'une Idylle.

1892. — Baiser filial, groupe superbe récompensé par une deuxième médaille.

1893. — Buste de M. Victor Salneuve.

1894. — Bustes du docteur Menne et de M. Laville, député.

1895. — Portrait de M. Lasteyras. Monument érigé sur la place de la Gare à Vichy.

1896. — Buste de Mme H. de G... Portrait de M. A. W...

On voit par cette longue énumération que Mombur a lutté jusqu'au bout, non sans succès et que le souvenir de l'homme qui fut un sculpteur de grand mérite et un ami excellent doit être conservé dans ces pages consacrées aux artistes d'Auvergne.

Notre mélancolie attristée nous remet en mémoire ces vers de Malherbe, bien moins connus que les stances à Du Perrier et qui mériteraient de figurer dans les anthologies :

L'aise et l'ennui de la vie
Ont leur course entre-suivie,
Aussi naturellement
Que le chaud et la froidure,
Et rien, afin que tout dure,
Ne dure éternellement.

Hélas ! tout passe, en effet. L'art seul est impérissable.

GABRIEL MARC.

Paris, 25 mai 1897.

CLERMONT-FERRAND. — TYPOGRAPHIE G. MONT LOUIS.

www.ingramcontent.com/pod-product-compliance
Lightning Source LLC
LaVergne TN
LVHW050513160826
845677LV00003B/1102